AMO DORMIRE NEL MIO LETTO

AMO MANTENERE IN ORDINE LA MIA CAMERA

AMO LAVARMI I DENTI

www.sachildrensbooks.com
Copyright©2013 by S.A. Publishing ©2017 by KidKiddos Ltd.
innans@gmail.com

All rights reserved. No part of this book may be reproduced in any form or by any electronic or mechanical means, including information storage and retrieval systems, without written permission from the publisher or author, except in the case of a reviewer, who may quote brief passages embodied in critical articles or in a review.

TTutti i diritti sono riservati. Nessuna parte di questa pubblicazione può essere riprodotta, memorizzata in sistemi di recupero o trasmessa in qualsiasi forma o attraverso qualsiasi mezzo elettronico, meccanico, mediante fotocopiatura, registrazione o altro, senza l'autorizzazione del possessore del copyright.

First edition, 2017
Translated from English by Annalisa Langone
Traduzione dall'inglese a cura di Annalisa Langone

I love to... Bedtime Collection (Italian Edition)/ Shelley Admont
ISBN: 978-1-926432-98-4 paperback
ISBN: 978-1-77268-638-8 hardcover
ISBN: 978-1-926432-97-7 eBook

Although the author and the publisher have made every effort to ensure the accuracy and completeness of information contained in this book, we assume no responsibility for errors, inaccuracies, omission, inconsistency, or consequences from such information

Jimmy, un piccolo coniglietto, viveva con la sua famiglia nella foresta. Viveva in una casa bellissima con la sua mamma, il suo papà e i suoi due fratelli più grandi.

A Jimmy non piaceva dormire nel suo letto. Una sera si lavò i denti e prima di andare a dormire chiese alla sua mamma: "Mamma, posso dormire con te nel tuo letto? Non mi piace dormire da solo nel mio letto".

"Tesoro" disse la mamma, "tutti hanno il proprio letto e il tuo è perfetto per te".

"Ma mamma, a me non piace affatto il mio letto," rispose Jimmy. "Voglio dormire nel tuo!"

"Facciamo così" disse la mamma, "tu vai nel tuo letto, io ti abbraccerò, ti rimboccherò le coperte e leggerò una storia a te e ai tuoi fratelli. Poi ti darò un bacio e mi metterò seduta vicino a te fino a quando non ti addormenterai."

"Ok," disse Jimmy dando un bacio alla sua mamma.

La mamma abbracciò Jimmy e cominciò a leggere la favola della buona notte ai suoi tre piccoli. Mentre la mamma leggeva la favola, i tre fratellini si addormentarono. La mamma gli diede il bacio della buonanotte e andò in camera sua a dormire nel suo letto.

Nel bel mezzo della notte, Jimmy si svegliò. Si mise seduto sul letto, si guardò intorno e vide che la mamma non era lì accanto a lui. Saltò giù dal letto, prese il suo cuscino e la sua coperta e si intrufolò silenziosamente nella camera della mamma e del papà. Jimmy entrò nel loro letto, abbracciò la mamma e si addormentò.

Dormirono così per tutta la notte, fino al mattino seguente.

La notte successiva, Jimmy si svegliò di nuovo. Prese il suo cuscino e la sua coperta e cercò di uscire dalla camera come la notte precedente ma, in quel preciso momento, si svegliò il fratello più grande.

"Jimmy, dove stai andando?" gli chiese.

"Ah, ahh..." balbettò Jimmy, "da nessuna parte. Dormi!" Jimmy corse velocemente nella camera della sua mamma e del suo papà e si intrufolò nel loro letto facendo finta di dormire.

Ma il fratello più grande era completamente sveglio. *Mi chiedo che cosa stia succedendo,* pensò il fratello che decise di seguire Jimmy. Quando scoprì che Jimmy stava dormendo nel letto della mamma e del papà, si indispettì. *Ecco cosa succede!* pensò. *Quindi se lo può fare Jimmy, lo posso fare anch'io.* E così si infilò anche lui nel letto dei genitori.

La mamma udì dei rumori strani, aprì gli occhi e vide i due piccoli nel letto. Gli fece un po' più di spazio lasciando per lei solo un piccolo angolino del letto. E così dormirono in quella posizione tutta la notte fino al mattino successivo.

La terza notte, accadde la stessa cosa. Jimmy si svegliò, prese il suo cuscino e la sua coperta e andò nella camera dei genitori. Il fratello lo seguì e si infilò nel letto dei genitori con il suo cuscino e la sua coperta. Questa volta però si svegliò anche il fratello maggiore. *C'è qualcosa che non va'* pensò e così segui i due fratelli più piccoli nella camera della mamma e del papà.

Quando il fratello maggiore vide i suoi due fratelli più piccoli che dormivano insieme alla mamma e al papà, si ingelosì molto. *Anch'io voglio dormire nel letto di mamma e papà* e così saltò silenziosamente sul letto.

Dormirono in quella posizione per tutta la notte. Non era affatto comodo. La mamma e il papà rimasero svegli tutta la notte. Si girarono a destra e a sinistra per cercare di trovare la posizione più comoda. Non fu semplice neppure per i piccoli coniglietti che continuarono a girarsi e rigirarsi nel letto fino al mattino successivo.

E improvvisamente...Boom! ...Bang! ...il letto si ruppe!

"Che cosa è successo?" urlò Jimmy svegliandosi improvvisamente.

"Hem!" urlò svegliandosi l'altro fratello.

"Ahi!" gridò il fratello maggiore che era sdraiato sul pavimento.

"Che cosa facciamo adesso?" disse tristemente la mamma.

"Dobbiamo costruire un letto nuovo" esclamò il papà. "Dopo la colazione, andremo nella foresta e ci metteremo all'opera!"

Dopo la colazione, l'intera famiglia andò nella foresta per costruire un letto nuovo. Dopo un'intera giornata di lavoro, riuscirono a costruire un letto grande e resistente in legno. Bisognava però ancora decorarlo.

"Abbiamo deciso di dipingere di marrone il nostro letto" disse la mamma, "e mentre noi dipingiamo il nostro, voi potete ridipingere i vostri letti con i colori che desiderate."

"A me piace il blu", disse emozionato il fratello maggiore e corse a dipingere il suo letto blu.

"E io scelgo il colore verde" disse felice l'altro fratello.

Jimmy prese il rosso e il giallo. Mischiò il rosso con il giallo e creò il suo colore preferito...**l'arancione!** Dipinse il suo letto di colore arancione e lo decorò con delle stelle rosse e gialle. Fece delle stelle enormi, alcune un po' più piccole e altre molto, molto piccole. Dopo aver finito, corse dalla mamma e con orgoglio esultò: "Mamma, guarda il mio splendido letto! Mi piace tanto! Voglio dormire sempre qui!"

La mamma sorrise e diede un grande abbraccio a Jimmy. Lui ama tanto dormire nel suo letto.

Buonanotte Jimmy!

AMO LAVARMI I DENTI

Era mattino e il sole splendeva nella lontana foresta. Lì, in una piccola casetta, insieme ai suoi genitori e ai suoi due fratelli più grandi, viveva il coniglietto Jimmy.

La mamma entrò nella cameretta di Jimmy e dei suoi fratelli.

Prima diede un bacio al più grande, che dormiva serenamente nel suo letto blu. Poi diede un bacio all'altro fratello, che ancora dormiva nel suo letto verde.

Infine, la mamma andò verso il letto arancione di Jimmy e gli diede un bacio.

"Buongiorno, piccoli", disse la mamma. "È ora di alzarsi."

Il fratello più grande saltò giù dal letto e si diresse verso il bagno.

"Wow!", gridò, "Ho uno spazzolino nuovo di zecca! È blu, il mio colore preferito. Grazie, mamma". Iniziò a lavarsi i denti.

L'altro fratello lo seguì. "Anch'io ho uno spazzolino nuovo, e il mio è verde!", esclamò e inizio anche lui a lavarsi i denti.

Jimmy saltò giù dal letto e si diresse lentamente verso il bagno. *Perché devo lavarmi i denti?* pensò. I miei denti vanno bene così come sono.

"Guarda Jimmy", disse il fratello più grande, "anche tu hai uno spazzolino nuovo. È arancione come il tuo letto."

"Così anche io ho uno spazzolino nuovo, che bello!". Jimmy rimase di fronte allo specchio senza iniziare ancora a lavarsi i denti.

"Bambini, fate presto! La colazione è quasi pronta", udirono la voce delicata della loro mamma. "Avete finito tutti di lavare i denti?"

"Io ho finito", rispose il fratello più grande e corse fuori dal bagno.

"Anch'io", replicò l'altro fratello. Corse come il fratello verso la cucina.

"Mamma, anch'io ho finito di lavare i denti", urlò Jimmy. Stava per uscire dal bagno, quando udì una voce.

"Non è bello dire le bugie", disse la voce. "Tu non hai lavato i denti."

"Chi l'ha detto?", chiese Jimmy guardandosi intorno.

"Da questa parte", rispose.

Era il suo nuovo spazzolino arancione, imbronciato, sul lavandino. Non credeva ai suoi occhi…o alle sue orecchie!

"Uno spazzolino non può parlare", disse sbalordito.

"Io posso. Sono uno spazzolino magico", disse con orgoglio lo spazzolino. "Il mio lavoro è quello di assicurare che TUTTI si lavino i denti".

Jimmy si mise a ridere. "Non ho lavato i denti e non mi è successo nulla di brutto."

"Guardati", disse lo spazzolino. "I tuoi denti sono gialli e il tuo alito è terribile."

"Non è vero, spazzolino. Stai solo inventando!" Jimmy prese lo spazzolino e lo buttò via in un angolo del bagno.

Poi corse in cucina per la colazione.

"Non c'è bisogno di trattarmi in questo modo", urlò lo spazzolino. "Sono uno spazzolino magico e ti farò vedere quanto sono importante!".

Jimmy era ormai già seduto in cucina vicino ai suoi fratelli.

Prese un panino e lo avvicinò alla bocca, ma a questo punto il panino saltò fuori dalle mani di Jimmy e finì nel piatto del fratello più grande.

Invece di mordere il panino, Jimmy si morse le dita — con forza!

"Di chi è questo panino?", chiese il fratello più grande.

"Il mio panino è scappato via da me", rispose Jimmy. "È mio!"

"Quanta immaginazione hai, tesoro. Come può scappare via un panino?", disse la mamma.

"Non lo so come, ma è esattamente quello che è successo", disse Jimmy.

A questo punto la mamma gli diede un bel piatto pieno di insalata e disse: "Ecco, potresti mangiare un delizioso piatto di insalata di verdure".

"Buonissimo, adoro l'insalata di verdure", disse Jimmy, in procinto di iniziare a mangiare. Improvvisamente l'insalata fece un salto e si posizionò sul tavolo, vicino all'altro fratello.

"Guarda", disse il fratello, "come ha fatto il tuo piatto ad arrivare qui?"

"Avevi ragione, tesoro! Il tuo cibo si allontana da te!", disse sbalordita la mamma. "È molto strano."

"Mamma, ho fame. Cosa posso mangiare?", disse Jimmy.

La mamma ci pensò un attimo. "Che cosa ne pensi della tua torta di carote preferita? Te ne darò una bella fetta."

"Sì, torta di carote! La adoro", Jimmy urlò di gioia, "Grazie, mamma."

Sennonché, prima che Jimmy potesse prendere la torta, quest'ultima iniziò a svolazzare nell'aria.

Jimmy saltò giù dalla sedia e iniziò a rincorrere il pezzo di torta.

Saltò sul divano, ma la torta sfrecciò di nuovo sul tavolo. Jimmy corse verso il tavolo e la torta volò fuori dalla casa. Jimmy le corse dietro.

La torta girava intorno alla casa, mentre Jimmy non riusciva a starle dietro. Ancora un giro, un altro, un altro ancora e Jimmy continuava a seguirla.

Jimmy corse fino a quando rimase senza fiato. Stanco, si sedette davanti alla porta di casa e iniziò a piangere.

Nello stesso momento, passavano di lì due suoi amici: "Ciao, Jimmy! Perché stai seduto lì e sei così triste? Vieni a giocare con noi".

"Si, vengo!", Jimmy corse verso di loro. "Non crederete cosa mi è successo oggi!"

Ma, come aprì la bocca, gli amici urlarono:

"Accidenti, che puzza! Noi andiamo a giocare da un'altra parte mentre tu vai a lavarti i denti!". Così corsero via.

Jimmy scoppiò ancora una volta in lacrime ed entrò in casa.

Andò nel bagno e vide lo spazzolino magico che svolazzava nell'aria facendogli un bel sorriso.

"Ciao, Jimmy. Ti stavo aspettando. Adesso vuoi lavarti i denti?", Jimmy annuì con la testa.

Jimmy iniziò a lavarsi i denti, da una parte all'altra, dall'alto verso il basso, dentro e fuori.

Li spazzolò fino a farli diventare bianchi e splendenti.

Guardandosi allo specchio con orgoglio, Jimmy disse: "Grazie, spazzolino. È stato bello e piacevole lavarmi i denti. Adesso ho anche un alito profumato".

"Sei fantastico", disse lo spazzolino. "Ad ogni modo, mi chiamo Leah. Sono sempre qui ad aiutarti."

E così Jimmy e Leah diventarono amici. Da quel giorno, si vedono sempre due volte al giorno per proteggere i denti di Jimmy e aiutarli a crescere sani e robusti.

Era un sabato mattina soleggiato in una foresta lontana. Tre fratellini coniglietto si erano appena svegliati quando la loro mamma entrò nella camera.

"Buongiorno ragazzi," disse la mamma. "Ho sentito un po' di movimento."

"Oggi è sabato, possiamo dormire fino a quando vogliamo," disse con un sorriso il fratello un po' più grande.

"Se volete potete rimanere un po' nei vostri letti," disse la mamma, "ma io devo andare via. Oggi devo andare a trovare la nonna e voi rimanete con papà fino al mio rientro."

"Quando vi alzate, lavatevi i denti e andate a fare colazione. Poi, potete leggere un libro oppure giocare con i vostri giochi," continuò la mamma. "Se volete, potete andare fuori, andare in bici o giocare a pallacanestro."

"Evviva!" I fratellini coniglietto iniziarono a saltare felici sui loro letti.

"Ma…" disse la mamma, "siete incaricati di pulire la vostra camera."

"Quando torno, voglio vedere questa casa pulita e sistemata, proprio come è adesso. Ok?"

"Certo, mamma," rispose prontamente il fratello maggiore. "Siamo grandi abbastanza e possiamo avere degli incarichi."

Dopo aver lavato i denti, il papà preparò una colazione deliziosa con un dolce buonissimo. Poi iniziò il divertimento!

I coniglietti iniziarono a fare insieme il loro puzzle. Poi continuarono con le loro costruzioni in legno ed infine giocarono insieme con il loro trenino.

"Questo trenino è il mio preferito," disse Jimmy appena accese l'interruttore. Il trenino cominciò a muoversi.

"Questo è il regalo più bello che ho ricevuto per il mio ultimo compleanno."

Dopo aver giocato per ore, i coniglietti iniziarono ad annoiarsi.

"Andiamo a giocare fuori!" disse il fratello più grande guardando fuori dalla finestra.

"Sì! Ma dobbiamo prima pulire qui," disse il fratello maggiore.

"Oh, abbiamo tanto tempo prima che la mamma ritorni," rispose Jimmy, "possiamo pulire dopo." Il fratello grande accettò ed andarono tutti fuori.

Fuori i tre fratellini coniglietto si divertirono sotto il sole. Andarono in bici e giocarono a nascondino. Infine decisero di giocare a pallacanestro.

"Abbiamo bisogno della nostra palla da basket," disse il fratello più grande. "Ma non ricordo dove l'abbiamo messa."

"Penso che sia sotto il mio letto," aggiunse Jimmy. "Vado a controllare." Così corse dentro casa nella speranza di trovare la palla.

Quando aprì la porta della loro camera rimase sorpreso. Il pavimento era pieno di pezzi del puzzle, costruzioni, macchinine, camioncini ed altri giocattoli.

Andando verso il suo letto, Jimmy disse "Ci sono troppe cose a terra".

Ad un certo punto inciampò e perse l'equilibrio. Cercò di rimanere in piedi, ma cadde proprio sul suo trenino preferito.

"Ahi!" urlò guardando le ruote del treno volare dall'altra parte. "Noooo, il mio trenino!" Jimmy scoppiò a piangere.

"Tutto ok, tesoro?" Il papà si affacciò dalla porta ma non poté entrare per il disordine che c'era nella camera.

"Tutto OK ma il mio trenino …" Jimmy piangeva indicando le ruote rotte del trenino.

"Non riesco a vedere il trenino," disse il papà. "Che cosa è successo esattamente in questa camera?"

"Stavamo solo giocando e… sono caduto," continuò Jimmy, le lacrime continuavano a cadere sul suo viso.

"Jimmy, perché ci stai impiegando tanto tempo?" si udirono le voci degli altri fratelli mentre correvano dentro casa.

"Il mio trenino è rotto!" Jimmy non smetteva di piangere.

"Non piangere, Jimmy," disse il fratello più grande. "Troveremo una soluzione. Papà?"

"Posso controllare. Forse posso aggiustarlo," disse il papà. "Ma bisogna sistemare tutto." Così il papà uscì dalla camera.

Quando le avrete trovate, portatemi il trenino e le ruote." Così il papà uscì dalla camera.

"Dobbiamo fare presto, prima che torni mamma," disse il fratello maggiore.

"Oh, mettere in ordine è noioso," disse Jimmy sospirando.

"Facciamo il gioco delle pulizie," esclamò il fratello maggiore.

Jimmy diventò euforico. "La tempesta è in arrivo!" gridò. "Dobbiamo aiutare tutti i giocattoli a tornare nelle proprie case."

"Siamo dei supereroi," urlò il secondogenito. Stava raccogliendo i giocattoli dal pavimento per metterli ognuno al suo posto.

Giocando e divertendosi, i fratelli sistemarono e pulirono tutto.

"Tutte le ruote sono qui," esclamò Jimmy, correndo da suo padre con il trenino rotto e con le sue ruote nelle mani.

"Ecco, ho trovato la palla da pallacanestro!" gridò entusiasta il secondogenito.

"Mettiamola nel suo contenitore e ... abbiamo finito," disse felice il fratello maggiore.

"È stato davvero divertente," disse il secondogenito sedendo sul suo letto, "Ma ci abbiamo messo un'ora intera. C'era troppo disordine."

"No!" urlò Jimmy appena entrò nella camera. "Non sederti lì!"

"Cosa? Perché?!" chiese il secondogenito, saltando giù dal letto.

"Hai appena sistemato il tuo letto. Se ti siedi sopra adesso, dovrai rifarlo di nuovo," spiegò Jimmy.

"Magari possiamo leggere un libro adesso," suggerì il fratello maggiore avvicinandosi alla libreria.

"Non toccare quei libri," urlò Jimmy.

"Li ho sistemati tutti per colore!"

"Scusa," disse il fratello maggiore. "Ma cosa possiamo fare? Non possiamo giocare con nulla."

Ci pensarono un attimo e poi il fratello maggiore urlò. "Ho un'idea!"

"Che cosa ne pensate se mettiamo in ordine dopo ogni gioco? In questo modo non ci vorrà tanto tempo per mettere a posto i giocattoli."

"Proviamo," disse felice Jimmy.

Il fratello maggiore cominciò a leggere un bellissimo libro animato ai suoi fratelli più piccoli. Quando finirono di leggere, lo mise a posto sulla mensola.

Poi costruirono una grande torre con le loro costruzioni colorate. Dopo aver finito, misero le costruzioni nella loro scatola – e la camera rimase in ordine!

In quel momento, la mamma e il papà bussarono alla porta.

"Mi siete mancati tanto," disse la mamma, "ma vedo che avete saputo tenere in ordine la vostra camera. Sono fiera di voi."

"Ed ecco il tuo trenino, Jimmy," disse il papà dandogli il giocattolo. Le ruote erano sistemate e Jimmy fece un gran sorriso.

"Chi vuole assaggiare i biscotti che la nonna ha fatto per voi?" chiese la mamma.

"Io!" urlarono i fratelli coniglietto ed il loro papà.

"Ma li mangeremo in cucina e non in questa camera pulita," disse Jimmy molto seriamente. "Giusto, mamma?"

Tutta la famiglia scoppiò a ridere. Andarono in cucina a mangiare i biscotti.

Da quel giorno, i fratelli amarono tenere pulita e in ordine la loro camera. Giocavano con tutti i giocattoli ma quando finivano, mettevano tutto al proprio posto.

Non ci impiegarono mai più tanto tempo per sistemare la loro camera.

www.ingramcontent.com/pod-product-compliance
Lightning Source LLC
Chambersburg PA
CBHW042027100526
44587CB00029B/4321